BIOGRAPHIE

d'Augustin Magdelaine

PAR

M. A. DE PUYRAIMOND.

Lue à l'Académie d'Amiens dans la séance du 22 Janvier 1875.

AMIENS.
TYPOGRAPHIE H. YVERT,
RUE DES TROIS-CAILLOUX, 64.

1875

BIOGRAPHIE

D'Augustin MAGDELAINE

Par M. A. DE PUYRAIMOND.

Lue à l'Académie d'Amiens dans la séance du 22 Janvier 1875.

Entré depuis un an dans l'École Navale de Brest, nous venions de passer les mois d'août et de septembre de l'année 1850 sur la corvette école la *Licorne*. Ces deux mois avaient été employés à naviguer sur les côtes de Bretagne et de Normandie, et cette courte campagne nous avait appris à connaître les immenses difficultés qui surgissent à chaque instant sous les pieds du marin. La trop grande confiance en soi qu'a tout jeune débutant faisait place à la persuasion que, pour être bon officier de vaisseau, une instruction sérieuse, une longue expérience et une grande fermeté de caractère sont nécessaires ; nous commencions à pouvoir apprécier le mérite déployé par ceux qui se distinguent dans la noble carrière à laquelle nous aspirions, quand il nous fut donné d'être mis sous les ordres du lieutenant de vaisseau Poidloue qui venait d'accomplir un de ces beaux faits dont s'honore la marine française, et à l'énergie duquel les équipages de la *Gloire* et de la *Victorieuse* devaient leur salut.

Le 9 août 1847, la frégate la *Gloire*, commandée par le capitaine de vaisseau Lapierre, et la corvette la *Victorieuse*, sous les ordres du capitaine de frégate Rigault de Genouilly, se dirigeaient sur la Corée, vers la baie Basil Hall. Les deux bâtiments suivaient, à travers l'Archipel, la route tracée par l'expédition de lord Amherst, lorsque ce dernier se rendit comme ambassadeur à Pékin en 1816. Aucun danger n'était signalé ; les indications de la carte annonçaient des eaux saines. La corvette était en avant, sondant et signalant le fond ; il y avait grosse mer et fort vent de Sud-Ouest ; les navires avaient deux ris et marchaient rapidement grand large. Tout-à-coup la *Victorieuse* signale que la route est dangereuse à tenir, les deux bâtiments serrent le vent et essaient de se dégager des périls où ils sont enfoncés ; mais la mer et le vent sont les plus forts, les navires s'échouent ; la mer était haute, à mer basse la corvette se trouvait complètement à sec ; la frégate n'avaient que quelques pieds d'eau au-dessus de la quille.

Après de vains efforts pour les renflouer, on dut songer à assurer le salut des 700 hommes d'équipage et se décider à abandonner la *Gloire* et la *Victorieuse*, démolies par les vagues.

Le commandant Lapierre fit débarquer son monde sur l'île Ko-Koun où l'on déposa les vivres et les armes que l'on put sauver ; des retranchements furent élevés pour se défendre contre les Coréens qui vinrent bientôt sur l'île, mais demeurèrent impuissants devant les habiles dispositions de défense prises par nos marins. Cependant il fallait sortir au plus vite de cette position dangereuse ; les vivres étaient peu nombreux et les habitants ne semblait pas disposés à en apporter ; le commandant Lapierre résolut d'envoyer chercher du secours à Shang-Haï.

Deux embarcations que l'on ponta à la hâte furent confiées aux lieutenants de vaisseau de Lapelin et Poidloue, et ces deux officiers partirent emportant avec eux le seul espoir sérieux de sauvetage qu'eussent les naufragés.

Les mers de Chine sont mauvaises ; la lame courte et dure y rend la navigation pénible et dangereuse ; de fréquents coups de vent y mettent les navires en péril : faire, dans des embarcations fatiguées par une longue navigation et de faible échantillon, 150 lieues marines dans de pareilles conditions était une chance extrême ; il fallait pour réussir que les officiers, à qui cette mission pleine de périls et d'honneur était confiée, réunissent à une grande capacité maritime une grande énergie ; il fallait toujours veiller, rester calme et impassible devant les lames qui couvraient les embarcations, maintenir le moral des hommes qui s'effrayaient du danger qui, à peine évité, recommençait presque immédiatement. Plusieurs fois les canots manquèrent d'être submergés ; cependant ils atteignirent heureusement le port ; et le 5 septembre, quinze jours après le départ des embarcations, les naufragés voyaient arriver à leur secours la division anglaise, composée de la frégate le *Dœdalus* et des bricks l'*Espiègle* et le *Childer,* sous les ordres du capitaine Mac Qu'Hax, amené sur les lieux du naufrage par MM. de Lapelin et Poidloue.

Quelques jours plus tard, les équipages des bâtiments français quittaient l'île sur laquelle ils avaient trouvé un refuge, et les navires anglais faisaient route vers Hong-Kong.

Le haut fait des deux officiers de la *Gloire* et de la *Victorieuse* devait être égalé, sinon surpassé par un de nos compatriotes Augustin, Magdelaine qui, dans des circonstances analogues, parvint à sauver plus de la moitié de l'équipage de l'aviso le *Duroc*, en faisant plus de 800 lieues marines dans des embarcations de 6 et de 7 mètres de longueur, tantôt en plein Océan, tantôt au milieu des récifs qui abondent le long des côtes Est et Nord de l'Australie et dans le détroit de Torrès.

Augustin Magdelaine entra à l'École Navale dans les premiers jours d'octobre de l'année 1845 ; il avait seize ans. Le 1ᵉʳ août 1847 il était nommé élève de marine, le 3 février 1852 il obtenait le grade d'enseigne de vaisseau. Pendant ces sept années Magdelaine, embarqué sur divers navires, navigua constamment. Dans les premiers mois de l'année 1853, il fut embarqué sur l'aviso à vapeur le *Duroc,* commandé par le lieutenant de vaisseau de Lavaissière de Lavergne. Ce navire était destiné à faire partie de la division navale de l'Océanie, placé, sous le commandement du capitaine de vaisseau Page, gouverneur des îles de la Société.

Le *Duroc* arriva à Tahiti à la fin de cette même année. Son entrée en rade causa une grande émotion parmi les naturels. Jusqu'au jour ou l'aviso à hélice mouilla à Papeëte, les Tahitiens n'avaient connu que des navires à vapeur à roues; ils avaient été tellement frappés de voir un grand navire marcher sans le secours du vent ni des rames, ce spectacle leur avait paru tellement extraordinaire, que depuis lors aucune upaupa n'eut lieu sans que l'on n'y vit la danse du bateau à feu; mais lorsque le *Duroc* entra en rade, marchant sans pales battant l'eau, n'ayant comme signes extérieurs du moteur qui le faisait avancer qu'une légère fumée sortant par le tuyau et le remous produit par le mouvement de l'hélice, leur étonnement ne connut plus de bornes. Accroupis sur la plage, dévorant des yeux ce spectacle étonnant, ils échangeaient de nombreuses exclamations, et plusieurs d'entre eux se jetèrent à la nage pour s'approcher du *Duroc* et tâcher de découvrir la cause qui mettait le navire en mouvement.

Par suite du départ de l'enseigne de vaisseau

Stoltz, Magdelaine fut appelé a remplir les fonctions d'officier en second. Dans le courant de l'année 1855, le *Duroc* fut envoyé à Tonga-Taboo. Pendant son séjour dans ces îles, le capitaine de Lavaissière porta secours au navire anglais *Selma*. Ce navire faisait de l'eau ; il était impossible de faire à Tonga-Taboo les réparations nécessaires ; Magdeleine fut désigné avec 10 hommes de l'équipage pour ramener le *Selma* à Tahiti. La traversée s'accomplit heureusement, et quelques, mois après, le *Moniteur* annonçait qu'une distinction honorifique venait d'être accordée par le gouvernement anglais à notre compatriote.

On lit en effet, dans le *Moniteur* du 20 décembre 1855, que le gouvernement de la Grande-Bretagne a fait présent de trois épées d'honneur, savoir : à M. le capitaine de vaisseau Dubouzet, gouverneur de l'Océanie, à M. de Lavaissière, commandant du *Duroc* et à M. Magdelaine, enseigne de vaisseau, comme témoignages de reconnaissance pour d'importants services rendus à la chaloupe anglaise *Selma*, et qu'il alloue à titre de gratification une somme de 600 francs aux dix marins français qui avaient conduit ce bâtiment de Tong-Taboo à Tahiti.

Dans les premiers mois de l'année 1856, le *Duroc* fut désigné pour rentrer en France en passant par la Calédonie et le cap de Bonne-Espérance. L'aviso, après avoir relâché à Nouméa, se dirigeait vers le détroit de Torrès, quand dans la nuit du 12 au 13 août, à quatre heures cinquante minutes du matin, en pleine nuit, il toucha subitement sur des récifs à fleur d'eau non marqués sur la carte ; Magdelaine était de quart. Tous les moyens possibles furent immédiatement employés pour tâcher de retirer le navire de la mauvaise position où il se trouvait. On construisit péniblement dans les brisants un radeau, travail de la plus grande difficulté qui s'accomplissait au milieu des requins qu'il fallait repousser à coups de gaffe ; mais les grelins des ancres à jet se coupèrent sur les coraux et l'opération devint presque impossible. Cependant le vent fraîchissait, les lames devenaient de plus en plus fortes, quand enfin le radeau sur lequel on avait embarqué une ancre de bossoir et deux maillons de chaîne parvint à prendre le large. Les canots furent chargés de le remorquer, mais tous les efforts humains furent impuissants à lutter contre la mer et le vent. Le radeau avec tout son armement fut lancé par dessus les récifs ; on dut renoncer à tout espoir de sauver le navire,

La machine, avariée par plus de trois ans de campagne, se trouvait violemment ébranlée par les secousses du bâtiment secoué par la lame sur les rochers ; de grands accidents dans les chaudières étaient à redouter, il fallut éteindre les feux. Il ne restait plus qu'à penser au salut de l'équipage.

De l'eau, des vivres et des armes furent montés sur le pont, dans la crainte que la coque, trouée par les pointes des coraux, ne s'emplît tellement d'eau, qu'il devînt impossible d'en retirer les divers objets qu'elle contenait ; les embarcations avaient été amenées sans avaries, et en dernière ressource, les 64 hommes de l'équipage, Madame de Lavaissière, sa fille et sa femme de chambre, auraient trouvé un dernier refuge dans les canots du navire, refuge bien précaire, les embarcations pouvant à peine contenir un si grand nombre de personnes.

Aux premières clartés du jour, l'enseigne de vaisseau Augey-Dufresse aperçut un banc de sable au-delà du récif. M. de Lavaissière envoya cet officier chercher un passage pour y aborder ; en même temps le commissaire Hervé franchit les brisants dans le youyou et sonda le canal intérieur. Augey trouva le passage cherché ; les naufragés avaient donc un refuge qui les sauvaient momentanément de la mort.

Le récif sur lequel le *Duroc* venait de faire naufrage se trouve par 17° 25' de latitude Sud et par 153° 35' de longitude Est ; les naufragés le prirent pour l'île Mellish qui se trouverait alors mal placée sur la carte.

Sous la direction de l'enseigne de vaisseau Éveillard, les vivres furent débarqués sur l'ilot qui venait d'être aperçu. Dans l'après-midi l'équipage abandonna le *Duroc,* le capitaine de Lavaissière débarqua à 7 heures 1/2 du soir, craignant que l'aviso, déjà crevé dans ses fonds, ne disparût dans la nuit, mis en pièces par la mer si la brise venait à fraîchir.

Les jours suivants furent employés à transporter à terre tous les objets nécessaires au moyen des embarcations et des radeaux ; la cuisine distillatoire, le four, la forge, furent déposés sur l'île, les mâts furent enlevés avec des bigues et débarqués sur l'ilot où, sciés en planches, ils furent destinés à construire une embarcation à clin de 14 mètres de quille, 1 mètre 40 de profondeur et environ 70 centimètres de tirant d'eau. M. de Lavaissière prit la résolution de faire partir son équipage en deux détachements ; le premier détachement, sous les ordres de Magdelaine, comprendrait le grand canot de 7 mètres de longueur avec 15 hommes commandés par Magdelaine ; le canot major, de 6 mètres de long, sous les ordres d'Augey-Dufresse, avec 9 hommes ; le second détachement se composerait des 31 personnes restant qui quitteraient l'ilot sur l'embarcation la *Délivrance* que l'on était en train de construire avec les ressources en hommes et en matériel du *Duroc*. M. de Lavaissière gardait avec lui le youyou. Cette embarcation, beaucoup trop petite pour affronter la haute mer, devait lui servir à communiquer avec le navire échoué.

Dix jours après le naufrage, le *Duroc*, allégé de toute sa mâture et d'autres poids considérables, poussé par les lames amenées par les mauvais temps qui avaient régné depuis l'échouage, se trouvait parfaitement assis sur le récif ; la coque avait résisté à l'assaut de la mer, et la conservation du charbon et du matériel qui restait à bord était assurée. Grâce à la machine distillatoire, l'équipage était certain de ne pas manquer d'eau douce, et les vivres débarqués pouvaient fournir environ quatre mois de subsistance au détachement qui restait sur l'écueil ; la ration avait été réduite par précaution.

Le 25 août était le jour désigné pour le départ du premier détachement. Quelques jours auparavant, le bruit des dispositions arrêtées par M. de Lavaissière avait couru dans l'équipage. Plusieurs hommes trouvaient que les embarcations seraient trop chargées et hésitaient à partir dans de pareilles conditions. Magdelaine en prévint le commandant qui décida que la liste des partants serait tenue secrète. Par suite de cette mesure l'équipage fut réuni au dernier moment, et chacun embarqua dans les canots à l'appel de son nom.

Avant de commencer cette périlleuse traversée, Magdelaine reçut de M. de Lavaissière ses instructrúctions ; il prit connaissance de plusieurs cartes anglaises et françaises des côtes nord d'Australie pour pouvoir étudier la route qu'il aurait à tenir et en prendre des calques s'il était possible ; il possédait en tout le routier de l'Océanie en un seul plan.

Le capitaine du *Duroc* lui donna ses ordres par écrit et lui remit un rapport sur les événements qui venaient d'avoir lieu, rapport qu'il était chargé de transmettre au Ministre de la Marine. Augey-Dufresse et le maître d'équipage reçurent aussi chacun, sans que Magdelaine en fut prévenu, un double de ces instructions. Ce dernier enferma dans un tube en fer blanc ce document qui, malgré cette précaution, fut détruit par l'eau salée. Magdelaine perdit ses papiers dans un coup de mer qui manqua de faire sombrer le grand canot et le jeta lui-même à l'eau. La pièce suivante est la copie du double qui fut remis à l'enseigne de vaisseau Augey-Dufresse.

En vue du *Duroc*, naufragé par 17° 25' de latitude Sud et 153° 35' de longitude Est., le 24 août 1856.

Monsieur,

« En vue des éventualités qui peuvent surgir dans les circonstances où vous allez vous trouver placé, je vous adresse une copie des instructions données au chef de l'expédition dont vous faites partie, elle vous servira de guide dans tous les cas.

« Les pénibles travaux que réclamait notre situation n'exigeant plus le concours de tout l'équipage, je me décide à expédier sous votre commandement, aux termes des réglements, un premier détachement sur la côte d'Australie.

« Vous aurez sous vos ordres un officier, un officier marinier et trente-trois hommes répartis comme suit : quinze hommes dans le grand canot que vous monterez, un officier et neuf hommes dans le canot major, le maître d'équipage et neuf hommes dans la baleinière.

« Je vous donne dix jours d'eau, vingt-cinq jours de vivres, des hameçons pour la pêche, neuf fusils et neuf pistolets avec des cartouches. Je juge ces moyens très-suffisants, pour l'accomplissement de votre mission.

« Vous attérirez au cap Tribulation, d'une reconnaissance facile et dont les abords sont relativement sains. De là, à l'aide des document nautiques dont vous êtes muni, vous suivrez, en longeant la côte vers le Nord, l'Inner, route du capitaine King. Vous rencontrerez, sans doute, un bâtiment; vous serez en effet sur la route de ceux qui vont à Manille, dans le grand archipel d'Asie, à Singapour, au cap de Bonne-Espérance, dans les ports de l'Inde, et qui suivent la voie tous les jours plus fréquentée du détroit de Torrès.

« Enfin vous rencontrerez, presqu'à coup sûr, l'un de ces bâtiments qui, des différents points de l'Australie, vont en dedans des récifs de la Grande Barrière, à la pêche des holothuries.

« Si mon attente n'est point trompée, vous serez ainsi très-prochainement à même de négocier votre passage pour le lieu de destination de celui de ces bâtiments que vous aurez rencontré; et alors les consuls de Sa Majesté Impériale, à leur défaut les représentants des souverains alliés de l'Empereur règleront vos dépenses et pourvoiront à votre repatriement.

« La voie la plus courte et la moins dispendieuse est celle que vous devez suivre dans tous les cas. Si, ce qui me paraît peu probable, vous ne rencontrez aucun bâtiment, continuez sans hésitation votre route pour Timor (Coupang) en visitant le port Albany, où vous trouverez de l'eau et peut-être un établissement anglais.

« Ne stationnez à aucun prix sur la côte d'Australie où de nouveaux dangers vous atteindraient, la famine, les attaques des naturels et la démoralisation de votre détachement.

« Je vous recommande expressément de ne pas vous séparer des deux canots placés sous vos ordres. De jour comme de nuit, vous prendriez des remorques, le meilleur marcheur en avant, si vous voyez la moindre chance de vous perdre de vue; soyez très-prudent dans votre navigation; vos canots sont excellents, mais d'un faible échantillon ; il ne faut pas les charger de voiles. En les conservant en bon état vous pourrez les vendre et alléger les charges du Trésor.

« Maintenez parmi vos hommes ce bon esprit, ce dévouement au service de l'Empereur, qu'ont signalés, au milieu de nos revers, tant de pénibles efforts et de chaleureuses acclamations . . . .

. . . .

« Nos vœux à tous vous accompagnent ; je ne réclame pas pour ceux qui restent ici des moyens de transport, car j'espère mener à bonne fin la construction que j'ai entreprise et aller chercher à mon tour sur la côte d'Australie, à Timor même, si la saison n'est pas trop avancée, des chances de salut.

« J'ai pensé qu'il en coûterait trop à l'État de détourner de sa route un bâtiment de commerce ; cependant si vous en rencontrez un allant à Sydney, ce ne serait pas le déranger beaucoup que de lui faire constater, en passant à portée de ce banc de sable, le sort de vos compagnons d'armes.

« Vous communiquerez les présentes instructions aux autorités que vous rencontrerez et les ferez passer à votre arrivée en France entre les mains de Son Excellence l'Amiral Ministre.

« Le Lieutenant de vaisseau, Commandant,
« J. de Lavaissière. »

Dans la pièce qui avait été remise à Magdelaine, M. de Lavaissière rappelait d'une manière élogieuse le don d'un sabre d'honneur qui lui avait été fait par le gouvernement de la Grande-Bretagne pour avoir contribué au sauvetage du trois-mâts anglais *Selma* et l'avoir conduit des îles Tonga à Tahiti.

Voici le rapport adressé par le capitaine du *Duroc* au Ministre de la Marine.

Monsieur le Ministre,

« Je remplis un pénible devoir en informant votre excellence que le brick le *Duroc* a fait naufrage, dans la nuit du 12 au 13 août, sur un récif situé par 17° 25' de latitude Sud et 153° 35' de longitude

Est. C'est probablement l'écueil Mellish dont la position sur nos cartes serait erronée. L'équipage est sauvé, et nous campons depuis onze jours sur un banc de sable à deux milles et demi environ du théâtre du naufrage. J'y ai fait transporter, sur des radeaux, des vivres, la cuisine distillatoire, le four, toute la mâture, les armes, les voiles et les objets les plus précieux de l'armement. Après avoir accumulé ainsi les moyens d'existence et de salut, je n'attends plus qu'un temps maniable pour expédier à la côte d'Australie, vers le cap Tribulation, trois embarcations remises en bon état, montées par deux officiers et trente quatre hommes.

« Je leur donne l'ordre de suivre, à partir de ce point, l'Inner, route du capitaine King, jusqu'à la rencontre très-probable d'un bâtiment, de traiter alors dans les conditions les plus avantageuses à l'État, pour être conduits au lieu de la destination de ce navire, et être de là rapatriés par les soins des consuls de S. M. Impériale ou des représentants de ses alliés.

« J'ai l'honneur de vous adresser sous ce pli une copie des instructions que je donne à l'officier chef de l'expédition. Si, contre mon attente, on ne rencontrait pas de bâtiments, je donne l'ordre d'aller à Coupang, dans l'île de Timor, sans différer. La saison est très-favorable, et cela m'a paru plus sage que de risquer sur la côte d'Australie, dans une attente hasardée, la famine, les attaques des naturels et la désorganisation du détachement.

« Je n'ai pas cru devoir réclamer, pour la portion de l'équipage qui reste ici, le secours du bâtiment que pourront rencontrer les canots, à moins que sa route ne le conduise à notre portée ; j'ai craint qu'un pareil service ne fut éventuellement trop onéreux pour l'État ; j'ai alors préféré construire avec les bas mâts et le guy sciés en planches, une grande embarcation à clins que je conduirai, avec le reste de l'équipage et les malades, soit à Timor, soit à Port-Curtis, suivant les exigences de la saison. J'ai un excellent maître-charpentier ; je suis entouré d'hommes intelligents et dévoués ; j'espère être prêt à partir vers la fin de septembre, et voir d'ici-là mes hommes en meilleure santé, grâce aux soins intelligents et très-dévoués du chirurgien-major M. Salau.

« C'est un événement bien pénible, Monsieur le Ministre, que la perte d'un bâtiment qui faisait tant d'honneur à nos constructions, et qui, dans une campagne de trois ans et quatre mois, avait heureusement traversé tous les dangers de ces parages. »

Après avoir fait part au Ministre des circonstances du naufrage, des efforts impuissants que l'on avait faits pour sauver le *Duroc,* et des travaux des premiers jours sur l'îlot, M. de Lavaissière terminait ainsi :

« Dès que le temps sera plus maniable, je compléterai l'hydrographie de l'écueil, à l'Ouest. Je ferai part à Votre Excellence, et au commandant de la Nouvelle-Calédonie de ce travail.

« Qu'il me soit permis, maintenant, de remplir une plus agréable tâche en signalant au Ministre de la Marine le bon esprit et le dévouement de l'équipage dans des circonstances périlleuses, épuisé de fatigues, mis par prudence à une ration réduite, il a toujours trouvé des forces dans ses acclamations pour l'Empereur, et a fêté le grand anniversaire du 15 août avec le même enthousiasme que s'il avait été assis aux foyers de la patrie. »

Les instructions de M. de Lavaissière étaient donc les suivantes ; Magdelaine devait conduire ses canots sur la côte d'Australie et monter avec ses hommes sur le premier navire qu'il rencontrerait ; s'il n'en rencontrait aucun, il devait pousser jusqu'à Timor. Le capitaine du *Duroc* lui recommandait de n'envoyer aucun bâtiment à la recherche du détachement qui restait avec lui sur l'îlot, à moins que ce navire ne fît une route qui le rapprochât du lieu du naufrage. Il était en effet logique que si les trois canots du *Duroc* de 6 et 7 mètres de longueur, d'une construction légère, étaient jugés capables de transporter plus de la moitié de l'équipage jusqu'à Timor, M. de Lavaissière ne mît nullement en doute la certitude de sauver le reste de l'équipage dans un canot de 12 mètres de long, construit par un excellent maître-charpentier, ayant à sa disposition toutes les ressources d'un navire de guerre ; il pourrait en outre attendre sans crainte l'époque où l'embarcation serait achevée, ayant des vivres suffisamment, puisque le lieutenant de vaisseau Chatelier, envoyé plus tard en reconnaissance sur l'îlot, y a trouvé des vivres qui y furent laissés au départ du second détachement. La question des vents n'offrait non plus aucune crainte, car si la construction s'achevait plus tard qu'on ne le pensait, après avoir atterri sur les côtes d'Australie, on se dirigerait, comme le disait M. de Lavaissière dans son rapport, vers le Port Curtis au lieu de remonter vers le Nord.

Le 25 août, le vent ayant molli, Magdelaine commença sa périlleuse traversée.

Il trouva immédiatement une mer assez grosse amenée par les vents violents qui avaient retardé pendant plusieurs jours le départ du premier détachement. Les canots embarquaient de l'eau à chaque lame et la navigation devint assez difficile pour qu'on ne pût confier la barre qu'à deux ou trois hommes dans chaque canot.

Magdelaine se dirigea, comme le disaient ses instructions, vers le Cap Tribulation qui était le plus rapproché de la côte et le plus remarquable par la distance d'où il est visible en mer.

La nécessité de faire marcher les trois canots de conserve, car il était à craindre qu'une séparation ne fût fatale à la baleinière où se trouvait le maître d'équipage, ajoutait une grande difficulté à la navigation. Conformément aux ordres du commandant du *Duroc*, Magdelaine donna le soir du départ la remorque au canot major, mais il dut y renoncer, les bosses ayant cassé trois fois de suite, et le canot remorqué ayant manqué d'y perdre son étrave.

Le 26, le temps se maintint ; le 27 la mer augmenta tout à coup d'une manière des plus inquiétantes. Chaque embarcation dut songer à son salut personnel et jeter à la mer tout ce qui n'était pas d'une nécessité absolue ; on se débarrassa d'abord des vêtements et autres objets non indispensables, puis on fut forcé de jeter du vin, la moitié de l'eau et les vivres autres que le biscuit.

Avant de s'être allégé de tous ces poids, le grand canot avait rempli à moitié ; mais après avoir fait tous les sacrifices nécessaires, Magdelaine espérait éviter un nouvel accident. Vers midi, au moment où il prenait la hauteur méridienne, il se sentit enlevé tout à coup par une lame énorme. Quand il reparut sur l'eau, il était à plus de 25 brasses à l'arrière du canot, tenant encore son cercle à la main, nageant au milieu des barils et des caisses qui contenait les vivres de l'embarcation. Tout espoir d'échapper à la mort semblait perdu, quand la baleinière, qui était en arrière, se dirigea à sa recherche d'après les indications que lui donnait le grand canot. Magdelaine l'ayant aperçue reprit courage et se mit à nager au devant d'elle ; la baleinière le recueillit au moment où perdant toute vigueur il allait disparaître.

Aussitôt que cette lame énorme roulant sur l'embarcation l'eut emplie jusqu'aux bords, le quartier maître Laury, patron, et le matelot Burel, ne perdant pas un moment leur présence d'esprit, sautent l'un à la barre, l'autre à la voile qu'il amène ; tous deux arment un aviron et réussissent à mettre le canot debout à la lame. En même temps les autres hommes jettent à la mer tous les poids qui s'y trouvent ; seaux, souliers, tout sert à vider l'eau qui bientôt diminue ; le salut des hommes est assuré, et le canot, remis en état de naviguer, rejoint les deux autres embarcations, et parvient à sauver sur sa route une caisse à poudre contenant 20 kilogrammes de biscuit et le baril à eau.

Dans le coup de mer qui faillit perdre les quinze hommes qui montaient le grand canot, les vêtements, les papiers de Magdelaine, la correspondance du capitaine du *Duroc* contenant son rapport sur le naufrage, des lettres officielles aux consuls et autorités des pays où l'on pouvait aborder, les livrets des hommes, les instruments nautiques et presque tous les vivres furent perdus.

Ce fut seulement à la tombée de la nuit, que l'état de la mer permit à Magdelaine de reprendre le commandement de son embarcation ; mais privé de presque tout ce qui lui était nécessaire pour diriger sa route, il se confia, pendant le reste de la navigation, aux observations de son lieutenant Augey-Dufresse.

Le 28 août, à neuf heures du matin, on contourna un îlot de sable rouge n'ayant pas de récif, situé par 16° 24' de latitude Sud et 147° 54' de longitude estimée ; le 29, le canot major, qui était en avant, signala un récif à fleur d'eau, dont les têtes de roche étaient à découvert, d'une étendue de plusieurs milles avec un lagon intérieur aux eaux bleuâtres, situé par 16° 36' de latitude Sud et 145° 40' de longitude estimée. Ces deux écueils n'étaient pas marqués sur la carte.

Le 30 au soir, cinq jours après le départ, les trois canots attérirent au cap Tribulation, et passèrent la nuit, mouillés en dedans du récif.

Le 31 août, avant de commencer à remonter la côte d'Australie, Magdelaine fit faire le recensement des vivres restant dans les trois embarcations. On trouva 72 kilogrammes de biscuit, 20 litres d'eau de vie et 60 litres de vin ; on fit le plein d'eau sur la côte malgré la présence des naturels et des difficultés de débarquement.

Les jours suivants, le détachement remonta la côte d'Australie, passant chaque nuit à l'abri d'un îlot ou d'une pointe de terre, ne trouvant à faire de l'eau qu'en se mettant en communication avec les naturels, vivant de poissons, de racines, de coquillages, en un mot de toutes les ressources que pouvaient fournir les points où l'on passait la nuit ;

le biscuit n'était consommé que quand tout manquait.

Le 9 septembre, les canots arrivèrent au port Albany. Magdelaine avait compté rencontrer dans ce port, comme l'indiquaient ses instructions, un endroit où faire de l'eau et peut-être un établissement anglais ; il n'y trouva aucune trace de passage de navires ; les sources d'eau étaient taries.

Après une matinée de recherches infructueuses, il se décida, malgré l'état d'affaiblissement dans lequel tout le monde se trouvait, à partir pour Coupang, après avoir hésité un instant s'il n'irait pas chercher, sur la côte de la Nouvelle Guinée, un chargement de cocos ; mais le manque de cartes de cette région le détourna de ce projet.

Le 10 septembre, on réussit de faire à l'eau sur l'île Possession par l'entremise de naturels qui, sachant quelques mots d'anglais, paraissaient avoir des communications avec des navires européens. On fit, entre les trois canots, le partage des 42 kilos de biscuit restant, ce qui donna environ 100 grammes par jour et par homme, en comptant sur une traversée de dix à douze jours.

Après avoir relevé le moral un peu affaibli d'hommes fatigués par quinze jours de dangers et de privations de toute espèce, Magdelaine reprit la mer.

Jusqu'au 17, la navigation se fit heureusement ; les hommes, malgré leur faible nourriture, restaient en bonne santé, quand tout-à-coup le calme survint. Le 18, on essaya de se mettre aux avirons, mais la chaleur et le manque d'eau ne permirent pas de nager longtemps. Le 19, le calme régnant toujours, et le manque complet de vivres devenant à craindre, on fit un suprême effort ; les officiers donnèrent l'exemple en se mettant aux avirons, et on se dirigea directement sur le milieu de l'île de Timor dont on s'estimait à environ trente lieues. Les hommes nagèrent sans interruption depuis cinq heures du soir jusqu'au jour, n'ayant que 12 centilitres d'eau pour se désaltérer pendant cette longue étape. Au jour, la terre apparaissait dans une étendue de plus de vingt lieues. Aidés d'une faible brise qui s'éleva, les trois canots entraient le soir dans une crique où ils se mirent à l'abri.

Voici comment Magdelaine racontait dans une lettre cette partie émouvante de sa traversée :

« Pendant douze heures, nous nageâmes sans interruption dans la direction la plus voisine de la terre. Le courant nous en avait rapprochés encore plus près que je ne le croyais, et au lever du soleil, au moment où les forces nous abandonnant, nous allions nous étendre dans les canots pour nous reposer, nous aperçûmes la terre ; nous étions sauvés, mais elle était encore à une grande distance. Une légère brise vint nous permettre de faire usage de nos voiles inactives depuis trois jours. Nous n'avions bu cette nuit-là que six centilitres de notre eau ; nous en bûmes le reste pendant cette journée. Le soir, j'entrai dans une ouverture qui me semblait une rivière et d'où s'élevait une grande fumée.

« Après avoir traversé des marécages de palétuviers, nous finîmes par découvrir un village Malais. Je connaissais de réputation le danger de communiquer avec ces populations; mais l'eau de notre rivière était salée et nous n'avions plus qu'un jour de biscuit à 100 grammes par homme. Je m'armai de mon sabre et de mon revolver, et je me fis présenter le chef pour qui j'avais emporté un fusil dont je voulais lui faire cadeau, mais déjà il avait disparu des mains du matelot à qui je l'avais confié. Malgré ce mécompte que je comptais réparer en offrant mon sabre, je vis arriver des cruches d'eau, des paniers de vin de palme que nous bûmes avidement. On parut nous faire beaucoup d'amitiés. Le chef me fit apporter du maïs cuit, des pistaches et des giromons que je distribuai à ceux qui m'accompagnaient. Le repas me sembla délicieux; il est vrai que, quelques jours avant, j'avais dévoré cru un poisson volant et un oiseau de mer que nous avions attrapé et dont j'avais accepté un morceau.

« La nuit vint m'empêcher de mettre mes projets d'achat à exécution, mais nous avions vu des cocotiers, des buffles, des cochons. Je retournai aux canots, entouré de flambeaux, reconduit par le chef lui-même, qui réussit, malgré ma vigilance, à faire disparaître le mouchoir qui était dans ma poche, et que m'avait donné, quelques heures avant, l'officier qui était sous mes ordres. Quand j'arrivai aux canots, j'appris que des vols avaient été commis avec l'audace la plus grande. Nous mouillâmes au milieu du bras de mer, mais la pluie ne nous permit pas de sommeiller. Au jour, je dus renoncer à descendre moi-même ; j'avais les pieds et les jambes enflés jusqu'aux genoux ; j'avais perdu la veille, dans la vase, les escarpins qui m'étaient restés comme dernière chaussure ; j'étais revenu les pieds en sang.

« J'envoyai l'officier Augey Dufresse. J'ignore si cela influa sur le refus que l'on fit à se soffres, où si l'on craignit que je ne voulusse tirer vengeance des vols commis, mais bientôt l'affluence des Malais devint considérable, et l'officier revint quelque temps après, n'ayant pu obtenir une goutte d'eau.

« La position devenait critique. Nous avions bu amplement la veille, nous pouvions nous en passer ce jour-là. Je me décidai à partir ; une jolie brise nous attendait dehors et me donnait l'espoir de faire rapidement 45 lieues marines environ qui nous séparaient de Coupang. »

Le 21 septembre au matin, Magdelaine quittait ce point inhospitalier ; il parvint en longeant la côte à se procurer de l'eau sur un point inhabité, et le 22 au soir, n'ayant plus de vivres depuis le matin, les canots atteignirent le port de Coupang.

Ce n'était qu'après une traversée qui avait duré du 25 août au 22 septembre, c'est-à-dire 29 jours, que Magdelaine et les hommes sous ses ordres partis avec dix jours d'eau et 25 jours de vivres que les mauvais temps du début du voyage avaient forcé de jeter en partie à la mer, arrivaient enfin au port. Dans cette traversée, ils n'avaient rencontré aucun navire, ils avaient été éprouvés par tous les événements de mer, par la faim et par la soif. Tantôt les vents violents qui les portaient, tantôt le calme menaçaient de les faire mourir de faim au milieu de l'Océan ; une peuplade inhospitalière leur refusait l'eau et les vivres, et ce n'était qu'après avoir enduré les plus grandes souffrances qu'ils se voyaient enfin sauvés en attérissant au port de Coupang.

Aussitôt arrivé, Magdelaine alla trouver le résident, M. Fraenkel qui mit à sa disposition toutes les ressources dont il disposait ; pendant trois jours les hommes se reposèrent et prirent des forces pour entreprendre une nouvelle navigation. Le 25, sur l'avis de M. le résident, Magdelaine prenait passage avec ses hommes sur le paquebot qui se rendait à Batavia. Avant de partir, il fit faire, par l'entremise de M. Fraenkel, la vente publique au nom du gouvernement français, des trois embarcations et des objets qu'elle contenait, et il lui laissa, dans un rapport, les indications nécessaires pour que les navires qui iraient de ce point à Sydney, pussent s'assurer en passant du sort de ses compagnons d'armes.

Le 2 octobre, le paquebot hollandais sur lequel

les naufragés avaient pris passage relâchait à Sourabaya.

Magdelaine et Augey-Dufresse, préoccupés des moyens de porter secours à leurs compagnons de naufrage, se faisaient conduire vers midi à l'hôtel où logeait le lieutenant Chimmo de la marine anglaise, commandant du navire à vapeur *Torck,* mouillé sur rade, ils n'y trouvèrent qu'un de ses officiers qui se chargea de le prévenir du motif qui les amenait. A son retour, vers sept heures du soir, Augey-Dufresse, parlant mieux l'anglais que son collègue, exposa à M. Chimmo le service qu'on lui demandait ; ce dernier répondit que son navire ne lui appartenait plus, que l'équipage en avait été dispersé et que lui-même partait le lendemain matin vers six heures pour l'Angleterre sur le paquebot la *Reine des Pays-Bas,* d'où résultait l'impossibilité de se rendre à leur désir. Le lieutenant Chimmo quittait en effet Sourabaya le lendemain matin.

Après cette entrevue, Magdelaine adressa aux consuls de Sidney et de Singapour une lettre où il disait :

« J'ai laissé à cette date (25 août) le commandant du *Duroc,* M. de Lavaissière, avec trente personnes, dont sa femme et sa fille, sur un îlot de sable d'environ deux cents mètres de diamètre, où, lorsque tout espoir de sauver le navire fut perdu, nous nous étions réfugiés, et où nous avons déposé successivement les vivres, les malades et tout ce qu'il y avait à bord de susceptible d'être débarqué.

« Le commandant du *Duroc* avait pour environ 4 mois de vivres ; la cuisine distillatoire débarquée après le naufrage donnait l'eau à discrétion. M. de Lavaissière avait entrepris la construction d'une embarcation de 14 mètres de quille avec laquelle il comptait à son tour gagner la côte d'Australie.

« Mais les maladies peuvent, malgré la présence du médecin resté avec lui, retarder, s'opposer même à l'achèvement de ce travail difficile qu'il espérait terminer dans les premiers jours d'octobre. Aussi, je n'eusse pas hésité, si j'avais trouvé un navire sur la côte d'Australie, à le lui expédier. De ce côté du détroit, il n'y a qu'un bâtiment à vapeur de grande dimension qui puisse entreprendre ce voyage ; j'ignore encore si le gouvernement hollandais le tentera. »

Après avoir indiqué la position de l'îlot où avait eu lieu le naufrage, il terminait ainsi :

« Je vous prie de vouloir bien transmettre aux consuls et agents consulaires de ces mers ces divers renseignements.

« Je souhaite que vous trouviez immédiatement à fournir les indications sur le récif Mellish où je crois qu'un bâtiment trouverait facilement un mouillage. Le commandant de Lavaissière devait, après notre départ, faire l'hydrographie du récif qui laissait une belle entrée dans la partie Ouest. »

Le 9 octobre, les naufragés du *Duroc* arrivaient à Batavia. Le premier soin de Magdelaine fut de prier le gouvernement hollandais d'envoyer un navire sur le lieu du naufrage ; mais, malgré tout le désir qu'il en avait, le gouverneur général ne put le faire, les bâtiments à vapeur qu'il avait à sa disposition étant en réparation ou n'étant pas capables de remonter la mousson d'Est du détroit de Torrès ; le seul bâtiment qui eut pu l'entreprendre était employé dans une expédition à Sumatra.

Les hommes furent provisoirement logés à bord de la corvette *Boréas* qui servait de stationnaire sur la rade ; le lendemain une vingtaine d'entre eux entrèrent à l'hôpital ; tous y eussent été envoyés si le résident n'eût craint que dans l'état de faiblesse où ils se trouvaient, ils n'y fussent que plus aptes à gagner les fièvres. Magdelaine était dans un état de santé déplorable ; sa faiblesse était extrême, il crachait le sang et portait en lui le germe de la maladie qui devait l'enlever quelques années plus tard. Il était en correspondance presque journalière avec le commandant du *Boréas* et le capitaine de port, et il envoya Augey-Dufresse s'assurer souvent par lui-même des soins donnés aux hommes. Aussitôt qu'il put sortir en voiture, il alla presque chaque matin visiter les malades à l'hôpital. Le 23, il partait avec Augey pour Buitenzorg où les appelait l'invitation du gouverneur-général.

D'après les conseils du résident de Batavia et grâce aux soins du commandant du stationnaire, les hommes, à mesure qu'ils sortaient de l'hôpital, furent placés sur des navires de commerce, rentrant en Europe, en spécifiant une solde en rapport avec les services qu'ils pouvaient rendre.

Au moment du départ de Magdelaine, il ne restait plus que cinq hommes à l'hôpital; tous les autres étaient partis pour l'Europe.

Après plus d'un mois de séjour à Java, le 11 novembre, il partit pour Singapour. A son passage dans cette rade il rencontra l'aviso à vapeur français, le *Marceau,* commandé par M. Lefer de La Motte.

Magdelaine fit part au commandant du *Marceau* du naufrage du *Duroc*, des instructions qu'il avait reçues du capitaine de Lavaissière, dans lesquelles ce dernier lui disait de ne pas affréter de navire pour aller à sa recherche et de n'en envoyer qu'autant qu'un bâtiment suivrait une route le faisant passer près du lieu du naufrage, des quatre mois de vivres environ restant sur l'îlot à son départ et de la construction de la péniche ; M. de Lefer La Motte, ayant à son bord le consul, M. de Montigny, ne put partir pour aller à la recherche des hommes restés sur l'îlot.

Magdelaine pressa alors le consul de France, M. Lagorce, de frêter un navire ou tout au moins de profiter du premier bâtiment allant à Sydney afin de s'assurer du sort des naufragés, et il écrivit au consul de Sydney la lettre suivante :

Singapour, le 16 Novembre 1856.

Monsieur le Consul,

« La lettre que j'avais l'honneur de vous adresser de Sourabaya, le 28 octobre dernier, pour vous informer du sinistre arrivé au vapeur de S. M. I. le *Duroc,* a été malheureusement expédiée par la voie de Singapour et y était encore à mon passage.

« Les autorités hollandaises de Java, quoique ayant manifesté le plus grand désir d'envoyer un navire de guerre pour s'assurer du sort du commandant de Lavaissière, n'ont pu le réaliser jusqu'à ce jour, faute d'un vapeur capable de remonter la mousson du détroit de Torrès. L'arrivée à Batavia du vapeur faisant mensuellement le service de Timor, sans nouvelles de mes compagnons, m'a enlevé l'espoir de les voir arriver de ce côté.

« Le 11 novembre, je suis parti pour Singapour où j'ai vu M. Lagorce, consul de France, qui n'avait encore pu faire usage des indications que je lui avais transmises pour diriger, sur le lieu du naufrage, un navire passant par le détroit de Torrès.

« J'ai tout lieu de croire que mes compagnons ont pu gagner Sydney, soit directement, soit par l'intermédiaire de Port Curtis, et qu'au moment où vous recevrez cette lettre, ils seront déjà en route pour l'Europe.

« Dans le cas où malheureusement il n'en serait pas ainsi, il n'y aurait pas à hésiter un instant à fréter un navire, un vapeur de préférence, pour aller à leur recherche ; il serait évident que l'embarcation qui était commencée à mon départ n'aurait pu être menée à bonne fin.

« Je souhaite vivement que vous n'ayez pas à prendre ce dernier parti, mais, au moment de quitter ces mers, je ne puis penser sans effroi à la possibilité du séjour prolongé de trente-une personnes sur un îlot de sable en dehors du passage de tout navire. »

Magdelaine adressa en outre le lendemain une lettre à l'amiral Guérin, commandant la station de l'Indo-Chine, où après lui avoir fait part des circonstances du naufrage, de sa traversée jusqu'à Singapour, et de l'impossibilité où il s'était trouvé d'envoyer un bâtiment à la recherche des naufragés, il terminait ainsi :

« En ce moment, la mousson vient de changer, et n'importe quel navire à voiles allant à Sydney par le détroit, pourrait, en se dérangeant très peu de sa route, passer près de l'écueil et s'assurer du sort de mes compagnons d'infortune. J'avais déjà écrit dans ce sens, il y a un mois, au consul de Singapour, M. de Lagorce, et j'espère qu'il ne tardera pas à faire remplir ce devoir d'humanité.

« La lettre que j'avais adressée de Sourabaya au consul de Sydney a été malencontreusement dirigée par Singapour où elle se trouvait encore à mon passage ; je lui écris de nouveau en lui donnant toutes les indications nécessaires pour le cas où il serait encore sans nouvelles du commandant du *Duroc*. »

Ayant fait tout ce qui était en son pouvoir pour envoyer des secours aux naufragés qu'il avait laissés sur l'îlot, Magdelaine s'embarqua pour la France où il arriva dans les derniers jours de l'année ; le 17 décembre un décret le nommait chevalier de la Légion d'Honneur. La même récompense était accordée à Augey-Dufresse et au quartier-maître Leroy.

Le 2 octobre, jour où le premier détachement arrivait à Sourabaya, le second détachement des naufragés du *Duroc*, après avoir passé 50 jours sur l'îlot Mellish, partait sur l'embarcation la *Délivrance* qui venait d'être achevée, laissant la coque du navire presque à sec sur les récifs. Le 27, le canot fut sur le point de sombrer sous les premiers souffles de la mousson d'Ouest ; une voie d'eau que l'on aveugla à Port Albany, seul point où l'on séjourna quelques heures, avait inspiré quelques doutes sur la possibilité de continuer le voyage ; enfin le 30, après des calmes prolongés et une traversée très-pénible, dont les derniers jours furent attristés par les souffrances de la faim et de la soif, M. de Lavaissière et ses hommes mouillaient devant Coupang, sans avoir rencontré une seule voile dans leur traversée. Le 13 novembre, les naufragés s'embarquaient sur le paquebot de Batavia. Trois fois la violence de la mousson d'Ouest les forçait de relâcher à Macassar ; dans une quatrième tentative le navire désemparé ne rentrait au port qu'à grand'peine. Après un séjour d'un mois à Macassar, M. de Lavaissière prit passage avec ses hommes sur un autre paquebot qui les conduisit le 26 Janvier à Sourabaya et le 6 février à Batavia.

Rentré en France, le capitaine du *Duroc* comparut le 19 juin devant un conseil de guerre réuni à Cherbourg pour juger sa conduite pendant le naufrage; acquitté honorablement, il fut promu au grade de capitaine de frégate le 23 juin. A la même date, l'enseigne de vaisseau Éveillard, le commissaire Hervé et le chirurgien Salaux étaient nommés chevaliers de la Légion d'Honneur.

Après quelques mois de repos dans sa famille, Magdelaine reprit son service. Embarqué sur l'aviso à vapeur le *Ténare,* fit avec ce navire la campagne de Terre-Neuve; le 11 juillet 1860 il était nommé lieutenant de vaisseau.

Sa santé, profondément altérée par les fatigues physiques et morales qu'il avait endurées dans les circonstances qui suivirent le naufrage du *Duroc*, ne fit qu'empirer à partir de cette époque. Le 18 octobre 1863, Magdelaine mourait à Amiens.

Son camarade de naufrage, le lieutenant de vaisseau Augey-Dufresse, de retour du Mexique où il avait failli succomber à la fièvre jaune, vint dans notre ville lui rendre les derniers devoirs, et prononça sur sa tombe les paroles suivantes :

« Vous tous qui avez accompagné jusqu'ici sa

« dépouille mortelle, comme tous ceux qui l'ont
« connu pendant sa carrière et qui, trop éloignés,
« ne peuvent lui rendre ce dernier hommage, vous
« saviez, quelle franche et loyale nature il était,
« combien son âme était grande et généreuse ;
« mais à moi, mieux qu'à personne, des circons-
« tances difficiles, traversées à son honneur, une
« liaison plus intime peut-être ont appris à con-
« naître les hautes qualités de son cœur, sa droi-
« ture, sa fermeté, son courage et la noblesse de
« son caractère. »

La France perdait en Magdelaine un de ses meilleurs officiers de vaisseau.

Amions, imp. H. Yvort

www.ingramcontent.com/pod-product-compliance
Lightning Source LLC
Chambersburg PA
CBHW070710050426
42451CB00008B/585